O MATRIMÔNIO DO CÉU E DO INFERNO
seguido de
O LIVRO DE THEL

William

O MATRIMÔNIO DO CÉU E DO INFERNO
seguido de
O LIVRO DE THEL

Tradução e introdução
José Antonio Arantes

Edição bilíngue, revista

ILUMI/URAS

Blake

Título original
The Marriage of Heaven and Hell / The Book of Thel

Copyright ©
José Antonio Arantes

Copyright © desta edição
Editora Iluminuras Ltda.

Capa e projeto gráfico
Eder Cardoso / Iluminuras
sobre *Job's Evil Dreams*, 1805, aquarela ilustrada por William Blake
[fragmento, modificado digitalmente]

Revisão
Monika Vibeskaia

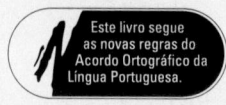

CIP-BRASIL. CATALOGAÇÃO NA PUBLICAÇÃO
SINDICATO NACIONAL DOS EDITORES DE LIVROS, RJ
B569m

    Blake, William, 1757-1827
       O matrimônio do céu e do inferno ; O livro de Thel / William Blake ; introdução e
          tradução José Antonio Arantes. - [4. edição] - São Paulo : Iluminuras, 2020.
    86 p. ; 20,5cm.

    "The Marriage of Heaven and Hell ; The Book of Thel"
    Edição bilíngue (português/Inglês)
    ISBN 978-65-5519-066-3

    1. Poesia inglesa. I. Arantes, José Antonio. II. Título.

20-66761   CDD: 821
                              CDU: 82-1(410.1)

ILUMI//URAS
desde 1987

Rua Salvador Corrêa, 119 - 04109-070 - São Paulo/SP - Brasil
Tel./ Fax: 55 11 3031-6161
iluminuras@iluminuras.com.br
www.iluminuras.com.br

Sumário

Imagem de Blake, 9
José Antônio Arantes

THE MARRIAGE OF HEAVEN AND HELL
O MATRIMÔNIO DO CÉU E DO INFERNO, 13

The Argument
O Argumento, 15
The voice of the Devil
A Voz do Demônio, 19
A Memorable Fancy
Uma Fantasia Memorável, 23
Proverbs of Hell
Provérbios do Inferno, 25
A Memorable Fancy
Uma Visão Memorável, 33
A Memorable Fancy
Uma Visão Memorável, 37
A Memorable Fancy
Uma Visão Memorável, 41
A Memorable Fancy
Uma Fantasia Memorável, 49
A Song of Liberty
Uma Canção de Liberdade, 53
Chorus
Coro, 57

THE BOOK OF THEL
O LIVRO DE THEL, 59

> *THEL'S Motto*
> Mote de Thel, 61
> *I*
> I, 63
> *II*
> II, 67
> *III*
> III, 71
> *IV*
> IV, 75

CRONOLOGIA DE WILLIAM BLAKE, 77

SOBRE O TRADUTOR, 85

IMAGEM DE BLAKE

José Antônio Arantes

Doze de agosto de 1827, 3 Fountain Court, Strand, Londres: assistido pela mulher, Catherine Sophia Boucher, Wlliam Blake morre como um anjo — ele, cujo mundo espiritual fora povoado de seres supranaturais; que, ainda menino, vira a face de Deus à janela de seu quarto, iniciando uma vida de epifania marcada pela rebelião e pelo isolamento. Anos antes, em 1803, em carta endereçada a seu mecenas Thomas Butt, expressara em versos a angústia que o acompanhou até o último momento: "Por que nasci com um rosto diferente? / Por que não sou como o resto de minha raça?"

Considerado maníaco, Blake era impopular. E sabia por quê: como homem, intratável; como artista e escritor, excêntrico. Na verdade, os adjetivos se aplicam a uma única personalidade. Obsessivo, defendia suas ideias alheio a quaisquer consequências; visionário, praticava uma arte complexa rejeitada por colegas de ofício e ignorada pela maior parte do público. Terceiro filho de um modesto negociante de meias e roupas de malha, para sustentar a si e a sua leal companheira vendia trabalhos a preços baixos e aceitava encomendas, mesmo que, ao fim, desistisse delas. Blake moldara seu caráter e sua obra com a matéria inquebrantável do ideal.

Quando o lemos, percorremos caminhos difíceis que nos desorientam, como se nos levassem apenas ao ponto de partida. Embora sintamos a força de suas palavras, experimentamos o desconforto de não apreender a profundidade de seus pensa-

mentos. Isso se deve a sua intensa obscuridade, a sua intensa luminosidade. Uma contradição em termos, própria de um homem que encarnara o Gênio Poético.

Seus dois importantes livros de poesia — *Canções de Inocência* (1789) e *Canções de Experiência* (1794) — traçam o eixo de sua obra, que poderia ser identificado com uma busca jamais concluída por ele e que oscila sempre entre um extremo e outro: recuperar a felicidade da infância ameaçada pela corrupção do homem maduro. Este homem, no entanto, torna-se a via para o alcance da harmonia entre natureza e espiritualidade. O tema de Blake é a sondagem da alma humana através do conflito eterno entre o bem e o mal, a inocência e o pecado. E se, para isso, ele recorre à natureza, é para transformá-la em seguida em verdade espiritual. Inimigo do naturalismo, e na ânsia de romper furiosamente a tradição do sistema religioso ocidental, ele cedeu à necessidade de criar seu próprio sistema mitológico, influenciado por Swedenborg, Paracelso, Bohme e a Bíblia, de um lado, e Milton, Dante e Shakespeare, de outro. Por isso seu universo está repleto de deuses ou personificações como Urizen, Los, Orc etc., representantes de uma utopia concretizada em palavras poéticas e imagens gravadas, uma nascida de seu ventre retorcido e animada por seu próprio hálito.

A formulação poética e conceitual desse universo particular se dá em dois pequenos livros "proféticos", produzidos no mesmo período que o dos livros poéticos — *O Livro de Thel* (1789) e *O Matrimônio do Céu e do Inferno* (1790-93); um universo que se desenvolve nos escritos posteriores e se converte na espantosa construção das últimas obras. Os pequenos textos aqui traduzidos servem, portanto, de rica amostra de um vasto conjunto, uma espécie de introdução que pode nos guiar por abismos e círculos a principio assustadores, mas sempre instigantes.

Blake parece nos desprezar, quando na verdade apenas nos provoca. Suas ideias, misturadas a arquétipos — valores espirituais e etapas do desenvolvimento do espírito —, se expressam em paradoxos, visando a subversão dos conceitos cristãos em nós enraigados, atraindo-nos para sua convicção de

que a dicotomia (Bem = Alma = Céu; Mal = Corpo= Inferno) é causa da infelicidade humana. Apenas a interação dessas duas faces seria a fonte da felicidade plena. O recurso usado por ele foi privilegiar a imaginação e relegar a segundo plano a razão, limitadora do Gênio Poético.

"Faça o que faça, a vida é ficção, / E formada de contradições." A visão recupera a identidade humana, propõe Blake, pois com "engenho e arte" o homem casa os contrários. Para isso, porém, deve utilizar a chave, a imaginação, ou visão. Na primeira visão, percebe o mundo em sua aparência; na segunda, olha e entende as imagens intelectualmente, com o auxílio dos conhecimentos adquiridos; na terceira, acrescenta emoção ao conhecimento, de modo a compreender e sentir ao mesmo tempo; na quarta, penetra no reino da percepção espiritual, que lhe permite captar a única realidade "real": a alma universal, eterna, princípio formador, em contraste com o mundo temporal, mera sombra. Assim é em *O Matrimônio*; assim é em *Thel*: "A Imagem Imaginativa retorna pela semente do Pensamento Contemplativo", diz ele.

Blake exige de nós imaginação, entrega e sensualidade. Talvez jamais consigamos palpá-lo ou compreendê-lo de maneira completa, porque ou continuamos a lê-lo "em grilhões", esquecidos de que "Uma só ideia impregna a imensidão", ou porque rejeitamos seus símbolos. Vale lembrar as palavras de um crítico e historiador da literatura que soube compreendê-lo e sintetizar a natureza de sua dificuldade, Otto Maria Carpeaux: "(...) aquelas mitologias fantásticas não se limitam a séculos longínquos: os paranoicos, nos manicômios modernos, continuam a fabricar religiões particulares dessa espécie. Blake está situado entre profeta e louco; a verdade das suas visões reside na sinceridade do amor humano que é a base das suas conclusões revolucionárias, e a expressão dessa verdade é uma poesia de pureza celestial".

THE MARRIAGE OF HEAVEN AND HELL
(1790-93)

O MATRIMÔNIO DO CÉU E DO INFERNO
(1790-93)

The Argument

Rintrah roars & shakes his fires in the burdend air;
Hungry clouds swag on the deep

Once meek, and in a perilous path,
The just man kept his course along
The vale of death.
Roses are planted where thorns grow.
And on the barren heath
Sing the honey bees.

Then the perilous path was planted:
And a river, and a spring
On every cliff and tomb;
And on the bleached bones
Red clay brought forth.

Till the villain left the paths of ease,
To walk in perilous paths, and drive
The just man into barren climes.

Now the sneaking serpent walks
In mild humility.
And the just man rages in the wilds
Where lions roam.

O Argumento

Rintrah ruge & suas chamas lança no ar opresso;
Nuvens famintas sobre o abismo pendem.

Outrora dócil, e em perigosa senda,
O justo seguiu seu curso ao longo
Do vale da morte.
Há rosas plantadas onde crescem espinhos,
E sobre a charneca estéril
Zumbem abelhas melíficas.

Foi então plantada a perigosa senda,
E um rio e uma nascente
Sobre cada penhasco e sepultura,
E sobre ossos alvacentos
Criou-se barro vermelho.

Até que o vilão deixou as sendas do conforto
E, caminhando por perigosas sendas, conduziu
O justo a regiões estéreis.

Agora a furtiva serpente se esgueira
Em mansa humildade,
E o justo vocifera nos ermos
Onde vagueiam leões.

Rintrah roars & shakes his fires in the burdend air;
Hungry clouds swag on the deep.

As a new heaven is begun, and it is now thirty-three years t since its advent: the Eternal Hell revives. And lo! Swedenborg is The Angel sitting at the tomb; his writings are the linen clothes folded up. Now is the dominion of Edom, & the return of Adam into Paradise; see Isaiah XXXIV & XXXV Chap:

Without Contraries is no progression. Attraction and Repulsion, Reason and Energy, Love and Hate, are necessary to Human existence.

From these contraries spring what the religious call Good & Evil. Good is the passive that obeys Reason [.] Evil is the active springing from Energy.

Good is Heaven. Evil is Hell.

Rintrah ruge & e suas chamas lança no ar opresso;
Nuvens famintas sobre o abismo pendem.

Assim como teve início um novo céu, e 33 anos já se passaram desde seu advento, revive o Inferno Eterno. E eis! Swedenborg é o Anjo sentado sobre a sepultura: seus escritos as vestes de linho dobradas. Agora é o domínio de Edom & o retorno de Adão ao Paraíso; ver Isaías, caps. 34 & 35.

Não há progresso sem Contrários. Atração e Repulsão, Razão e Energia, Amor e Ódio são necessários à existência Humana.

Desses contrários emana o que o religioso denomina Bem & Mal. Bem é o passivo que obedece à Razão. Mal, o ativo emanando da Energia.

Bem é Céu. Mal, Inferno.

The voice of the Devil

All Bibles or sacred codes. have been the causes of the following Errors.

1. *That Man has two real existing principles Viz: a Body & a Soul.*

2. *That Energy. calld Evil. is alone from the Body. & that Reason. calld Good. is alone from the Soul.*
3. *That God will torment Man in Eternity for following his Energies.*

But the following Contraries to these are True

1. *Man has no Body distinct from his Soul for that calld Body is a portion of Soul discernd by the five Senses. the chief inlets of Soul in this age*

2. *Energy is the only life and is from the Body and Reason is the bound or outward circumference of Energy.*
3. *Energy is Eternal Delight*

Those who restrain desire, do so because theirs is weak enough to be restrained; and the restrainer or reason usurps its place & governs the unwilling.

And being restraind it by degrees becomes passive till it is only the shadow of desire.

The history of this is written in Paradise Lost. & the Governor or Reason is call'd Messiah.

A Voz do Demônio

Todas as Bíblias e todos os códigos sagrados foram as causas destes Erros:

1. Que o Homem possui dois princípios reais de existência: um Corpo & uma Alma.
2. Que a Energia, denominada Mal, provém apenas do Corpo; & que a Razão, denominada Bem, provém apenas da Alma.
3. Que Deus atormentará o Homem pela Eternidade por seguir suas Energias.

Mas os seguintes Contrários são Verdadeiros:

1. O Homem não tem um Corpo distinto de sua Alma, pois o que se denomina Corpo é uma parcela da Alma, discernida pelos cinco Sentidos, os principais acessos da Alma nesta etapa.
2. Energia é a única vida, e provém do Corpo; e Razão, o limite ou a circunferência externa da Energia.
3. Energia é Deleite Eterno.

Quem refreia o desejo assim o faz porque o seu é fraco o suficiente para ser refreado, e o refreador, ou razão, usurpa-lhe o lugar & governa o inapetente.

E, refreando-se, aos poucos se apassiva, até não ser mais que a sombra do desejo.

Essa história está relatada no Paraíso Perdido, & o Governante, ou Razão, chama-se Messias.

And the original Archangel or possessor of the command of the heavenly host, is calld the Devil or Satan and his children are call'd Sin & Death

But in the Book of Job Miltons Messiah is call'd Satan.

For this history has been adopted by both parties

It indeed appear'd to Reason as if Desire was cast out. but the Devils account is, that the Messiah fell. & formed a heaven of what he stole from the Abyss

This is shewn in the Gospel, where he prays to the Father to send the comforter or Desire that Reason may have Ideas to build on, the Jehovah of the Bible being no other than he, who dwells in flaming fire.

Know that after Christs death, he became Jehovah.

But in Milton; the Father is Destiny, the Son, a Ratio of the five senses. & the Holy-ghost, Vacuum!

Note. The reason Milton wrote in fetters when he wrote of Angels & God, and at liberty when of Devils & Hell, is because he was a true Poet and of the Devils party without knowing it

E o Arcanjo original, ou possessor do comando das hostes celestiais, chama-se Demônio ou Satã, e seus filhos chamam-se Pecado & Morte.

No *Livro de Jó*, porém, o Messias de Milton chama-se Satã.

Pois essa história tem sido adotada por ambos os lados.

Em verdade, pareceu à Razão que o Desejo havia sido banido, mas, segundo a versão do Demônio, sucumbiu o Messias, formando um céu com o que roubara do Abismo.

Isso revela o Evangelho, onde ele suplica ao Pai que envie o consolador, ou Desejo, para que a Razão possa ter Ideias sobre as quais se fundamentar, não sendo outro o Jeová da Bíblia senão aquele que mora nas chamas flamantes.

Sabei que Cristo, após sua morte, tornou-se Jeová.

Mas, em Milton, o Pai é Destino, o Filho, uma Fração dos cinco sentidos, & o Espírito Santo, Vácuo!

Nota: A razão pela qual Milton escreveu em grilhões sobre Anjos & Deus, e em liberdade sobre Demônios & Inferno, está em que ele era um Poeta autêntico e tinha parte com o Demônio, sem sabê-lo.

A Memorable Fancy

As I was walking among the fires of hell, delighted with the enjoyments of Genius; which to Angels look like torment and insanity. I collected some of their Proverbs: thinking that as The sayings used in a nation, mark its character, so the Proverbs of Hell, shew the nature of Infernal wisdom better than any description of buildings or garments.

When I came home; on the abyss of the five senses, where a flat sided steep frowns over the present world. I saw a mighty Devil folded in black clouds, hovering on the sides of the rock, with corroding fires he wrote the following sentence now percieved by the minds of men, & read by them on earth.

How do you know but ev'ry Bird that cuts the airy way,
    Is an immense world of delight, clos'd by your senses five?

Uma Fantasia Memorável

Enquanto caminhava entre as chamas do Inferno, deliciado com os prazeres do Gênio, que os Anjos tomam por tormento e loucura, recolhi alguns de seus Provérbios, pensando que, assim como os adágios de uma nação expressam seu caráter, os Provérbios do Inferno revelam a natureza da sabedoria Infernal melhor que qualquer descrição de edifícios ou vestuário.

Voltando a casa: no abismo dos cinco sentidos, onde uma encosta íngreme e sem relevos reprova o mundo atual, avistei um poderoso Demônio envolto em nuvens negras, pairando sobre as vertentes do penhasco: com chamas corrosivas, ele escreveu a seguinte sentença, captada agora pelas mentes dos homens & por eles lida na Terra:

Como sabeis que cada Pássaro que fende os ares não é
        Um imenso mundo de deleite, encerrado pelos sentidos, os cinco?

Proverbs of Hell

In seed time learn, in harvest teach, in winter enjoy.
Drive your cart and your plow over the bones of the dead.
The road of excess leads to the palace of wisdom.
Prudence is a rich ugly old maid courted by Incapacity.
He who desires but acts not, breeds pestilence.
The cut worm forgives the plow.
Dip him in the river who loves water.
A fool sees not the same tree that a wise man sees.
He whose face gives no light, shall never become a star.
Eternity is in love with the productions of time.
The busy bee has no time for sorrow.
The hours of folly are measur'd by the clock, but of wisdom: no clock can measure.
All wholsom food is caught without a net or a trap.
Bring out number weight & measure in a year of dearth.
No bird soars too high. if he soars with his own wings.
A dead body. revenges not injuries.
The most sublime act is to set another before you.
If the fool would persist in his folly he would become wise
Folly is the cloke of knavery.
Shame is Prides cloke.
Prisons are built with stones of Law, Brothels with bricks of Religion.
The pride of the peacock is the glory of God.
The lust of the goat is the bounty of God.
The wrath of the lion is the wisdom of God.
The nakedness of woman is the work of God.
Excess of sorrow laughs. Excess of joy weeps.

Provérbios do Inferno

No tempo de semeadura, aprende; na colheita, ensina; no inverno, desfruta.
Conduz teu carro e teu arado sobre a ossada dos mortos.
O caminho do excesso leva ao palácio da sabedoria.
A Prudência é uma rica, feia e velha donzela cortejada pela Impotência.
Aquele que deseja e não age engendra a pestilência.
O verme perdoa o arado que o corta.
Imerge no rio aquele que a água ama.
O tolo não vê a mesma árvore que o sábio vê.
Aquele cuja face não fulgura jamais será uma estrela.
A Eternidade anda enamorada dos frutos do tempo.
À laboriosa abelha não sobra tempo para tristezas.
As horas de insensatez, mede-as o relógio; as de sabedoria, porém, não há relógio que as meça.
Todo alimento sadio se colhe sem rede nem laço.
Toma número, peso & medida em ano de míngua.
Ave alguma se eleva a grande altura, se se eleva com as próprias asas.
Um cadáver não revida agravos.
Um ato mais alto é até outro elevar-te.
Se persistisse na tolice, o tolo sábio se tornaria.
A tolice é o manto da malandrice.
O manto do orgulho, a vergonha.
Prisões se constroem com pedras da Lei; Bordeis, com tijolos da Religião.
A vanglória do pavão é a glória de Deus.
O cabritismo do bode é a bondade de Deus.
A fúria do leão é a sabedoria de Deus.
A nudez da mulher é a obra de Deus.
Excesso de pranto ri. Excesso de riso chora.

The roaring of lions, the howling of wolves, the raging of the stormy sea, and the destructive sword. are portions of eternity too great for the eye of man.

The fox condemns the trap, not himself.

Joys impregnate. Sorrows bring forth.

Let man wear the fell of the lion. woman the fleece of the sheep.

The bird a nest, the spider a web, man friendship.

The selfish smiling fool. & the sullen frowning fool. shall be both thought wise. that they may be a rod.

What is now proved was once, only imagin'd.

The rat, the mouse, the fox, the rabbet; watch the roots, the lion, the tyger, the horse, the elephant, watch the fruits.

The cistern contains: the fountain overflows

One thought. fills immensity.

Always be ready to speak your mind, and a base man will avoid you.

Every thing possible to be believ'd is an image of truth.

The eagle never lost so much time, as when he submitted to learn of the crow.

The fox provides for himself. but God provides for the lion.

Think in the morning, Act in the noon, Eat in the evening, Sleep in the night.

He who has sufferd you to impose on him knows you.

As the plow follows words, so God rewards prayers.

The tygers of wrath are wiser than the horses of instruction

Expect poison from the standing water.

You never know what is enough unless you know what is more than enough.

Listen to the fools reproach! it is a kingly title!

The eyes of fire, the nostrils of air, the mouth of water, the beard of earth.

The weak in courage is strong in cunning.

The apple tree never asks the beech how he shall grow, nor the lion. the horse; how he shall take his prey.

The thankful reciever bears a plentiful harvest.

O rugir de leões, o uivar de lobos, o furor do mar em procela e a espada destruidora são porções de eternidade, demasiado grandes para o olho humano.

A raposa culpa o ardil, não a si mesma.

Júbilo fecunda. Tristeza engendra.

Vista o homem a pele do leão, a mulher, o velo da ovelha.

O pássaro um ninho, a aranha uma teia, homem amizade.

O tolo egoísta, risonho, & o tolo sisudo, tristonho, serão ambos julgados sábios, para que sejam exemplo.

O que hoje se prova outrora foi apenas imaginado.

O rato, o camundongo, a raposa e o coelho espreitam as raízes; o leão, o tigre, o cavalo e o elefante espreitam os frutos.

A cisterna contém: a fonte transborda.

Uma só ideia impregna a imensidão.

Dize sempre o que pensas e o vil te evitará.

Tudo em que se pode crer é imagem da verdade.

Jamais uma águia perdeu tanto tempo como quando se dispôs a aprender com a gralha.

A raposa provê a si mesma, mas Deus provê ao leão.

De manhã, pensa. Ao meio-dia, age. Ao entardecer, come. De noite, dorme.

Quem consentiu que dele te aproveitasses, este te conhece.

Assim como o arado segue as palavras, Deus recompensa as preces.

Os tigres da ira são mais sábios que os cavalos da instrução.

Da água estagnada espera veneno.

Jamais saberás o que é suficiente, se não souberes o que é mais que suficiente.

Ouve a crítica do tolo! É um direito régio!

Os olhos de fogo, as narinas de ar, a boca de água, a barba de terra.

O fraco em coragem é forte em astúcia.

A macieira jamais pergunta à faia como crescer; nem o leão ao cavalo como apanhar a presa.

Quem reconhecido recebe, abundante colheita obtém.

If others had not been foolish. we should be so.

The soul of sweet delight. can never be defil'd,

When thou seest an Eagle, thou seest a portion of Genius. lift up thy head!

As the catterpiller chooses the fairest leaves to lay her eggs on, so the priest lays his curse on the fairest joys.

To create a little flower is the labour of ages.

Damn. braces: Bless relaxes.

The best wine is the oldest. the best water the newest.

Prayers plow not! Praises reap not!

Joys laugh not! Sorrows weep not!

The head Sublime, the heart Pathos, the genitals Beauty, the hands & feet Proportion.

As the air to a bird or the sea to a fish, so is contempt to the contemptible.

The crow wish'd every thing was black, the owl, that every thing was white.

Exuberance is Beauty

If the lion was advised by the fox. he would be cunning.

Improvement makes strait roads, but the crooked roads without improvement, are roads of Genius.

Sooner murder an infant in its cradle than nurse unacted desires

Where man is not nature is barren.

Truth can never be told so as to be understood, and not be believ'd.

Enough! or Too much

The ancient Poets animated all sensible objects with Gods or Geniuses calling them by the names and adorning them with the properties of woods, rivers, mountains, lakes, cities, nations, and whatever their enlarged & numerous senses could percieve.

And particularly they studied the genius of each city & country. placing it under its mental deity.

Se outros não fossem tolos, seríamos nós.
A alma de doce deleite jamais será maculada.
Quando vês uma águia, vês uma porção do Gênio; ergue a cabeça!
Assim como a lagarta escolhe as mais belas folhas para pôr seus ovos, o sacerdote lança sua maldição sobre as alegrias mais belas.
Criar uma pequena flor é labor de séculos.
Maldição tensiona: Bênção relaxa.
O melhor vinho é o mais velho, a melhor água, a mais nova.
Orações não aram! Louvores não colhem!
Júbilos não riem! Tristezas não choram!
A cabeça, Sublime; o coração, Paixão; os genitais, Beleza; mãos e pés, Proporção.
Como o ar para o pássaro, ou o mar para o peixe, assim o desprezo para o desprezível.
O corvo queria tudo negro; tudo branco, a coruja.

Exuberância é Beleza.

Se seguisse conselhos da raposa, o leão seria astuto.
O Progresso constrói caminhos retos; mas caminhos tortuosos sem Progresso são caminhos do Gênio.
Melhor matar um bebê no braço que acalentar desejos irrealizáveis.
Onde ausente o homem, estéril a natureza.
A verdade jamais será dita de modo compreensível, sem que nela se creia.
Suficiente! ou Demasiado.

Os Poetas antigos animaram todos os objetos sensíveis com Deuses ou Gênios, nomeando-os e adornando-os com os atributos de bosques, rios, montanhas, lagos, cidades, nações e tudo quanto seus antigos e numerosos sentidos podiam perceber.
E estudaram, em particular, o caráter de cada cidade e país, identificando-os segundo sua deidade mental.

Till a system was formed, which some took advantage of & enslav'd the vulgar by attempting to realize or abstract the mental deities from their objects: thus began Priesthood.

Choosing forms of worship from poetic tales.

And at length they pronounced that the Gods had orderd such things.

Thus men forgot that All deities reside in the human breast.

Até que se estabeleceu um sistema, do qual alguns se favoreceram, & escravizaram o vulgo com o intento de concretizar ou abstrair as deidades mentais a partir de seus objetos: assim começou o Sacerdócio.
Pela escolha de formas de culto das narrativas poéticas.
E proclamaram, por fim, que os Deuses haviam ordenado tais coisas.

Assim, os homens esqueceram que Todas as deidades residem no coração humano.

A Memorable Fancy

The Prophets Isaiah and Ezekiel dined with me, and I asked them how they dared so roundly to assert. that God spake to them; and whether they did not think at the time, that they would be misunderstood, & so be the cause of imposition.

Isaiah answer'd. I saw no God. nor heard any, in a finite organical perception; but my senses discover'd the infinite in every thing, and as I was then perswaded. & remain confirm'd; that the voice of honest indignation is the voice of God, I cared not for consequences but wrote.

Then I asked: does a firm perswasion that a thing is so, make it so?

He replied. All poets believe that it does, & in ages of imagination this firm perswasion removed mountains; but many are not capable of a firm perswasion of any thing.

Then Ezekiel said. The philosophy of the east taught the first principles of human perception some nations held one principle for the origin & some another, we of Israel taught that the Poetic Genius (as you now call it) was the first principle and all the others merely derivative, which was the cause of our despising the Priests & Philosophers of other countries, and prophecying that all Gods would at last be proved. to originate in ours & to be the tributaries of the Poetic Genius, it was this. that our great poet King David desired so fervently & invokes so patheticly, saying by this he conquers enemies & governs kingdoms; and we so loved our God. that we cursed in his name all the deities of surrounding nations, and asserted that they had rebelled; from these opinions The vulgar came to think that all nations would at last be subject to the jews.

Uma Visão Memorável

Enquanto os Profetas Isaías e Ezequiel jantavam comigo, perguntei-lhes como ousavam afirmar, sem rebuços, que Deus lhes falava; e se não pensavam, no momento, que, em sendo malcompreendidos, tornar-se-iam causa de imposição.

Isaías respondeu: Não vi, assim como também não ouvi, nenhum Deus numa percepção orgânica finita, mas meus sentidos descobriram o infinito de todas as coisas, e eu, como estivesse então convencido, & disso obtivesse ratificação, de que a voz da indignação sincera é a voz de Deus, não me preocupei com as consequências, mas escrevi.

Perguntei então: A firme convicção de que uma coisa é assim, assim a torna?

Respondeu ele: Todos os poetas acreditam que assim seja, & em séculos de imaginação esta firme convicção moveu montanhas; muitos, porém, são incapazes de uma firme convicção de qualquer coisa.

Disse, então, Ezequiel: A filosofia oriental ensinou os primeiros princípios da percepção humana; algumas nações adotaram um princípio para a origem; outras, outro: nós, de Israel, ensinamos que o Gênio Poético (como agora o chamam) foi o princípio primeiro, e todos os demais meros derivados, e daí a causa de nosso desprezo aos Sacerdotes & Filósofos estrangeiros, e da profecia de que todos os Deuses seriam, como afinal se comprovou, originários de nossos & tributários do Gênio Poético; isso nosso grande poeta, Rei Davi, desejou com fervor & invocou pateticamente, dizendo que, por isso, ele conquistava inimigos & governava reinados; e tanto amávamos nosso Deus, que em seu nome amaldiçoamos todas as divindades das nações vizinhas, assegurando que elas haviam se rebelado; a partir dessas opiniões, o vulgo acabou por crer que todas as nações ficariam finalmente sujeitas aos judeus.

This said he, like all firm perswasions, is come to pass, for all nations believe the jews code and worship the jews god, and what greater subjection can be

I heard this with some wonder, & must confess my own conviction. After dinner I ask'd Isaiah to favour the world with his lost works, he said none of equal value was lost. Ezekiel said the same of his.

I also asked Isaiah what made him go naked and barefoot three years? he answerd, the same that made our friend Diogenes the Grecian.

I then asked Ezekiel. why he eat dung, & lay so long on his right & left side? he answerd. the desire of raising other men into a perception of the infinite this the North American tribes practise. & is he honest who resists his genius or conscience. only for the sake of present ease or gratification?

The ancient tradition that the world will be consumed in fire at the end of six thousand years is true. as I have heard from Hell.

For the cherub with his flaming sword is hereby commanded to leave his guard at the tree of life, and when he does, the whole t creation will be consumed, and appear infinite. and holy whereas it now appears finite & corrupt.

This will come to pass by an improvement of sensual enjoyment.

But first the notion that man has a body distinct from his soul, is to be expunged; this I shall do, by printing in the infernal method, by corrosives, which in Hell are salutary and medicinal, melting apparent surfaces away, and displaying the infinite which was hid.

If the doors of perception were cleansed every thing would appear to man as it is: infinite.

For man has closed himself up, till he sees all things thro' narrow chinks of his cavern.

Isso, disse ele, como toda convicção inabalável, é fatal que aconteça, pois se todas as nações acreditam no código judaico e na adoração do deus dos judeus, que maior objeção pode haver?

Isso ouvi com algum espanto, & devo confessar minha própria convicção. Terminado o jantar, pedi a Isaías que obsequiasse o mundo com suas obras perdidas; respondeu ele que nenhuma de valor se perdera. Das suas, Ezequiel disse o mesmo.

Também perguntei a Isaías o que o levara a se despojar, durante três anos, de roupas e sapatos. Respondeu ele: O mesmo que levou nosso amigo Diógenes, o grego.

Perguntei então a Ezequiel por que ele comera excremento & se deitara por tanto tempo sobre seus lados direito & esquerdo. Respondeu ele: O desejo de elevar os homens até a percepção do infinito: isso praticam as tribos norte-americanas, & é honesto aquele que resiste a seu gênio ou consciência, apenas no interesse do conforto ou gratificação presentes?

É verdadeira a antiga tradição de que o mundo será consumido pelo fogo ao término do sexto milênio, como eu soube pelo Inferno.

Eis pois o querubim com sua espada flamante, com ordens de deixar a guarda da árvore da vida; e quando ele o fizer, toda a criação será consumida e parecerá infinita e sagrada, enquanto agora parece finita & corrupta.

Isso há de suceder com o aperfeiçoamento do prazer sensual.

Antes, porém, dever-se-á eliminar a noção de que o homem possui um corpo distinto de sua alma; isso farei imprimindo com o método infernal, com agentes corrosivos que, no Inferno, são salutares e medicinais, solvendo superfícies visíveis e expondo o infinito antes oculto.

Se as portas da percepção estivessem limpas, tudo se mostraria ao homem tal como é: infinito.

Pois o homem se encerrou em si mesmo, a ponto de ver tudo pelas estreitas fendas de sua caverna.

A Memorable Fancy

I was in a Printing house in Hell & saw the method in which knowledge is transmitted from generation to generation.

In the first chamber was a Dragon-Man, clearing away the rubbish from a caves mouth; within, a number of Dragons were hollowing the cave,

In the second chamber was a Viper folding round the rock & the cave, and others adorning it with gold silver and precious stones.

In the third chamber was an Eagle with wings and feathers of air, he caused the inside of the cave to be infinite, around were numbers of Eagle like men, who built palaces in the immense cliffs.

In the fourth chamber were Lions of flaming fire raging around & melting the metals into living fluids.

In the fifth chamber were Unnam'd forms, which cast the metals into the expanse.

There they were reciev'd by Men who occupied the sixth chamber, and took the forms of books & were arranged in libraries.

The Giants who formed this world into its sensual existence and now seem to live in it in chains; are in truth. the causes of its life & the sources of all activity, but the chains are, The cunning of weak and tame minds. which have power to resist energy. according to the proverb, the weak in courage is strong in cunning.

Thus one portion of being, is the Prolific. the other, the Devouring: to the devourer it seems as if the producer was in his chains, but it is not so, he only takes portions of existence and fancies that the whole.

But the Prolific would cease to be Prolific unless the Devourer as a sea recieved the excess of his delights.

Uma Visão Memorável

Encontrava-me eu numa Tipografia do Inferno, & vi o método pelo qual se transmite conhecimento de geração a geração.

Na primeira câmara, havia um Homem-Dragão removendo detritos da entrada de uma caverna; dentro, vários Dragões escavavam a caverna.

Na segunda câmara, havia uma Víbora enrolando-se em torno de uma pedra e da caverna, e outras adornando-a com ouro, prata e pedras preciosas.

Na terceira câmara, havia uma Águia com asas e penas de ar: tornava ela infinito o interior da caverna; ao redor, inúmeros homens semelhantes à águia erigiam palácios nos imensos rochedos.

Na quarta câmara, havia Leões de chamas flamantes rondando furiosos & fundindo metais em fluidos candentes.

Na quinta câmara, havia formas Inominadas, que lançavam os metais espaço adentro.

Lá eram recebidos por Homens que ocupavam a sexta câmara, assumiam as formas de livros & eram dispostos em bibliotecas.

Os Gigantes que deram a este mundo existência sensual, e agora parecem nele viver agrilhoados, são na verdade a origem da vida & a fonte de todas as atividades; mas os grilhões são a astúcia das mentes fracas e domesticadas que têm o poder de resistir à energia; segundo o provérbio, o fraco em coragem é forte em astúcia.

Assim, uma parte do Ser é o Prolífero, a outra, o Devorante: ao devorador parece que o criador estava em seus grilhões; mas não é assim, ele apenas toma partes de existência e as imagina o todo.

Mas o Prolífero deixaria de ser Prolífero, se o Devorador, como um mar, não recebesse o excesso de seus deleites.

Some will say, Is not God alone the Prolific? I answer, God only Acts & Is, in existing beings or Men.

These two classes of men are always upon earth, & they should be enemies; whoever tries to reconcile them seeks to destroy existence.

Religion is an endeavour to reconcile the two.

Note. Jesus Christ did not wish to unite but to seperate them, as in the Parable of sheep and goats! & he says I came not to send Peace but a Sword.

Messiah or Satan or Tempter was formerly thought to be one of The Antediluvians who are our Energies.

Dirão alguns: Não é Deus o único Prolífero? Respondo: Deus apenas Age & É nos seres existentes ou Homens.

Essas duas classes de homens sempre existiram sobre a terra, & devem ser inimigos; quem tenta reconciliá-los busca destruir a existência.

A Religião é um esforço de reconciliar os dois.

Nota: Jesus Cristo não quis uni-los, mas separá-los, como na Parábola das ovelhas e das cabras! & diz ele: Não vim trazer Paz, mas Espada.

Messias, ou Satã ou Diabo, era outrora considerado um dos Antediluvianos, que são nossas Energias.

A Memorable Fancy

An Angel came to me and said. O pitiable foolish young man! O horrible! O dreadful state! consider the hot burning dungeon thou art preparing for thyself to all eternity, to which thou art going in such career.

I said. perhaps you will be willing to shew me my eternal lot & we will contemplate together upon it and see whether your lot or mine is most desirable

So he took me thro' a stable & thro' a church & down into the church vault at the end of which was a mill: thro' the mill we went, and came to a cave. down the winding cavern we groped our tedious way till a void boundless as a nether sky appeard beneath us & we held by the roots of trees and hung over this immensity; but I said, if you please we will commit ourselves to this void, and see whether providence is here also, if you will not I will? but he answerd. do not presume O young-man but as we here remain behold thy lot which will soon appear when the darkness passes away

So I remaind with him sitting in the twisted root of an oak. he was suspended in a fungus which hung with the head downward into the deep:

By degrees we beheld the infinite Abyss, fiery as the smoke of a burning city; beneath us at an immense distance was the sun, black but shining [;] round it were fiery tracks on which revolv'd vast spiders, crawling after their prey; which flew or rather swum in the infinite deep, in the most terrific shapes of animals sprung from corruption. & the air was full of them, & seemd composed of them; these are Devils. and are called Powers of the air, I now

Uma Visão Memorável

Um Anjo veio até mim e disse: Ó desprezível, tolo jovem! Ó horrível! Ó medonho estado! Considera a ardente masmorra que ergues para ti mesmo para toda a eternidade, para onde vais a toda velocidade.

Respondi: Talvez estejas disposto a me mostrar meu destino eterno, & juntos, meditando sobre ele, veremos se teu destino ou meu é o mais desejável.

Levou-me, então, por um estábulo, & por uma igreja, & para o interior da cripta funerária da igreja, ao final da qual havia um moinho: pelo moinho passamos e demos numa caverna: descemos pela sinuosa caverna, tateando nosso tedioso caminho, até que um vasto vácuo, como ínfero firmamento, surgiu sob nós, & agarrados às raízes das árvores pairamos sobre essa imensidão; mas disse eu: Se me permites, vamos mergulhar nesse vácuo e ver se a providência também aqui está: se não fores, irei eu; mas respondeu ele: Não te atrevas, Ó jovem, mas enquanto permanecemos, contempla teu destino que logo surgirá quando se dissipar a escuridão.

Permaneci então com ele, sentado na raiz retorcida de um carvalho; ele suspenso num cogumelo, cuja cabeça pendia para o abismo.

Pouco a pouco contemplamos o infinito Abismo, ardente como a fumaça de uma cidade em chamas; sob nós, a grande distância, o sol negro, mas brilhando; a seu redor havia trilhas ardentes nas quais se revolviam imensas aranhas, arrastando-se atrás de suas presas, que voavam ou, antes, nadavam no abismo infinito, com as mais terríveis formas de animais brotadas da corrupção; & o ar se enchia delas, & parecia se compor delas; estes são Demônios, e se chamam Poderes

asked my companion which was my eternal lot? he said, between the black & white spiders

But now, from between the black & white spiders a cloud and fire burst and rolled thro the deep blackning all beneath, so that the nether deep grew black as a sea & rolled with a terrible noise: beneath us was nothing now to be seen but a black tempest, till looking east between the clouds & the waves, we saw a cataract of blood mixed with fire and not many stones throw from us appeard and sunk again the scaly fold of a monstrous serpent. at last to the east, distant about three degrees appeard a fiery crest above the waves slowly it reared like a ridge of golden rocks till we discoverd two globes of crimson fire. from which The sea fled away in clouds of smoke, and now we saw, it was the head of Leviathan. his forehead was divided into streaks of green & purple like those on a tygers forehead: soon we saw his mouth & red gills hang just above the raging foam tinging the black deep with beams of blood, advancing toward us with all the fury of a spiritual existence.

My friend the Angel climb'd up from his station into the mill; I remain'd alone, & then this appearance was no more, but I found myself sitting on a pleasant bank beside a river by moon light hearing a harper who sung to the harp. & his theme was, The man who never alters his opinion is like standing water, & breeds reptiles of the mind.

But I arose, and sought for the mill, & there I found my Angel, who surprised asked me, how I escaped?

I answerd. All that we saw was owing to your metaphysics: for when you ran away, I found myself on a bank by moonlight hearing a harper, But now we have seen my eternal lot, shall I shew you yours? he laughd at my proposal: but I by force suddenly caught him in my arms, & flew westerly thro' the night, till we were elevated above the earths shadow: then I flung myself with him directly into the body of the sun, here I clothed myself in white, & taking

do ar. Nesse momento, perguntei a meu companheiro qual era meu destino eterno. Respondeu ele: Entre as aranhas negras & brancas.

Agora, porém, dentre as aranhas negras & brancas, uma nuvem e um fogo irromperam e rolaram pelo abismo, enegrecendo tudo embaixo, de modo que o abismo ínfero enegreceu como um mar, & rolou com formidável ruído; sob nós, nada se via agora salvo uma negra tormenta, até que, olhando para leste, entre as nuvens & as ondas, avistamos uma catarata de sangue mesclada com fogo, e, a curta distância de onde estávamos, emergiu e de novo afundou a escamosa pele de monstruosa serpente; por fim, a leste, a cerca de três graus de distância, surgiu ardente espinhaço sobre as ondas; lentamente ele se elevou como uma cadeia de rochas de ouro, até que descobrimos os dois globos de fogo carmesim, dos quais o mar se afastava em nuvens de fumaça; e vimos nesse momento que era a cabeça de Leviatã; sua fronte estava dividida em listras de verde & púrpura, como as da fronte de um tigre: logo vimos sua boca & guelras rubras pendendo bem acima da espuma troante, tingindo o negro abismo com raios de sangue, avançando em nossa direção com toda a fúria de uma existência espiritual.

Meu Amigo, o Anjo, saiu de seu posto e galgou até o moinho; fiquei só; & então já não havia mais esta aparição, mas me encontrei sentado numa agradável ribanceira de um rio ao luar, ouvindo um harpista, que cantava ao som da harpa; & o tema era: O homem que nunca muda de opinião é como água estagnada, & engendra répteis da mente.

Mas me levantei e procurei o moinho, & lá encontrei meu Anjo, que, surpreso, perguntou-me como havia eu escapado.

Respondi: Tudo o que vimos se deveu a tua metafísica: pois quando fugistes me encontrei numa ribanceira ao luar, ouvindo o som dum harpista. Mas agora que vimos meu destino eterno, posso te mostrar o teu? Ele se riu de minha proposta, mas eu, a força, de súbito o envolvi em meus braços, & voamos pela noite em direção ao oeste, até que nos elevamos sobre a sombra da terra; precipitei-me, então, com ele para dentro do corpo do sol; ali me vesti de branco, & segurando nas mãos

in my hand Swedenborgs volumes sunk from the glorious clime, and passed all the planets till we came to saturn, here I staid to rest & then leap'd into the void, between saturn & the fixed stars.

Here said I! is your lot, in this space, if space it may be calld, Soon we saw the stable and the church, & I took him to the altar and open'd the Bible, and lo! it was a deep pit, into which I descended driving the Angel before me, soon we saw seven houses of brick, one we enterd; in it were a number of monkeys, baboons, & all of that species chaind by the middle, grinning and snatching at one another, but witheld by the shortness of their chains: however I saw that they sometimes grew numerous, and then The weak were caught by the strong and with a grinning aspect, first coupled with & then devourd, by plucking off first one limb and then another till the body was left a helpless trunk. this after grinning& kissing it with seeming fondness they devourd too; and here & there I saw one savourily picking the flesh off of his own tail; as the stench terribly annoyd us both we went into the mill, & I in my hand brought the skeleton of a body, which in the mill was Aristotles Analytics.

So the Angel said: thy phantasy has imposed upon me & thou oughtest to be ashamed.

I answered: we impose on one another, & it is but lost time to converse with you whose works are only Analytics.

Opposition is true Friendship.

I have always found that Angels have the vanity to speak of themselves as the only wise; this they do with a confident insolence sprouting from systematic reasoning:

Thus Swedenborg boasts that what he writes is new; tho' it is only the Contents or Index of already publish'd books

A man carried a monkey about for a shew, & because he was a little wiser than the monkey, grew vain, and conciev'd himself as

os livros de Swedenborg deixei a região gloriosa, e passei por todos os planetas, até chegarmos a saturno: ali me detive para descansar, & então saltei para dentro do vácuo entre saturno & as estrelas fixas.

Aqui, disse eu, está teu destino, neste espaço — se de espaço se pode chamá-lo. Logo vimos o estábulo e a igreja, & o levei até o altar e lhe abri a Bíblia, e, ai! era um poço profundo, para dentro do qual desci, guiando o Anjo a minha frente; logo avistamos sete casas de tijolos; numa entramos; nela havia inúmeros macacos, babuínos, & todos dessa espécie, agrilhoados pela cintura, arreganhando os dentes e se agarrando uns aos outros, mas detidos pelas correntes curtas: no entanto, percebi que às vezes aumentavam em número, e então os fracos eram pegos pelos fortes, que, com dentes arreganhados, primeiro se uniam a eles & depois os devoravam, arrancando-lhes primeiro um membro, depois outro, até que o corpo se reduzisse a miserável tronco; este, após mostrarem dentes e se beijarem com aparente afeto, devoraram também; e aqui & ali vi um deles mordendo saborosamente a carne de sua própria cauda; como o mau cheiro nos perturbava de maneira terrível, entramos no moinho, & eu em minha mão levava o esqueleto dum corpo, que, no moinho, era a Analítica de Aristóteles.

Disse então o Anjo: Tua fantasia se impôs sobre mim, & devias te envergonhar.

Respondi: Impusemo-nos um ao outro, & é perda de tempo conversar contigo, cujas obras são apenas Analítica.

Oposição é Amizade verdadeira.

Sempre pensei que os Anjos possuem a vaidade de falarem de si mesmos como os únicos sábios; fazem-no com uma insolência presunçosa surgida do raciocínio sistemático:

Assim, Swedenborg se jacta de que o que ele escreve é novo: no entanto, não é mais que um Sumário ou Índice de livros já publicados.

Um homem levava consigo um macaco para mostrá-lo, & como era um pouco mais sábio que o macaco, envaideceu-se, e se julgou mais

much wiser than seven men. It is so with Swedenborg; he shews the folly of churches & exposes hypocrites, till he imagines that all are religious. & himself the single one on earth that ever broke a net.

Now hear a plain fact: Swedenborg has not written one new truth: Now hear another: he has written all the old falshoods.

And now hear the reason. He conversed with Angels who are all religious, & conversed not with Devils who all hate religion, for he was incapable thro' his conceited notions.

Thus Swedenborgs writings are a recapitulation of all superficial opinions, and an analysis of the more sublime, but no further.

Have now another plain fact: Any man of mechanical talents may from the writings of Paracelsus or Jacob Behmen, produce ten thousand volumes of equal value with Swedenborg's. and from those of Dante or Shakespear, an infinite number.

But when he has done this, let him not say that he knows better than his master, for he only holds a candle in sunshine.

sábio que sete homens. Assim é com Swedenborg: mostra a tolice das igrejas & denuncia os hipócritas, até imaginar que são todos religiosos, & ele próprio o único sobre a terra que jamais rompeu uma rede.

Agora ouve um fato evidente: Swedenborg não escreveu uma verdade nova sequer. Agora ouve outra: ele escreveu todas as velhas falsidades.

Agora ouve por quê. Ele conversava com Anjos, que são todos religiosos, & não conversava com Demônios, que odeiam a religião, pois era incapaz por suas ideias preconcebidas.

Assim, os escritos de Swedenborg são uma recapitulação de todas as opiniões superficiais, e uma análise do mais sublime, mas nada mais.

Eis agora outro fato evidente. Qualquer homem de talento mecânico pode, a partir das obras de Paracelso ou Jacob Böhme, produzir dez mil livros com o mesmo valor dos de Swedenborg, e a partir dos de Dante ou Shakespeare, um número infinito.

Mas, quando o fizer, que não diga conhecer mais que seu mestre, pois ele apenas segura uma vela à luz do sol.

A Memorable Fancy

Once I saw a Devil in a flame of fire. who arose before an Angel that sat on a cloud. and the Devil utterd these words.

The worship of God is. Honouring his gifts in other men each according to his genius. and loving the greatest men best, those who envy or calumniate great men hate God, for there is no other God.

The Angel hearing this became almost blue but mastering himself he grew yellow, & at last white pink & smiling, and then replied,

Thou Idolater, is not God One? & is not he visible in Jesus Christ? and has not Jesus Christ given his sanction to the law of ten commandments and are not all other men fools, sinners, & nothings?

The Devil answer'd; bray a fool in a morter with wheat. yet shall not his folly be beaten out of him: if Jesus Christ is the greatest man, you ought to love him in the greatest degree; now hear how he has given his sanction to the law of ten commandments: did he not mock at the sabbath, and so mock the sabbaths God? murder those who were murderd because of him? turn away the law from the woman taken in adultery? steal the labor of others to support him? bear false witness when he omitted making a defence before Pilate? covet when he pray'd for his disciples, and when he bid them shake off the dust of their feet against such as refused to lodge them? I tell you, no virtue can exist without breaking these ten commandments: Jesus was all virtue, and acted from impulse: not from rules.

When he had so spoken: I beheld the Angel who stretched out his arms embracing the flame of fire & he was consumed and arose as Elijah.

Uma Fantasia Memorável

Certa vez vi um Demônio numa língua de fogo, que se elevou até um Anjo sentado numa nuvem, e o Demônio proferiu estas palavras:

A adoração de Deus é: honrar seus dons em outros homens, segundo o gênio de cada um, e amar mais aos grandes homens: quem inveja ou calunia os grandes homens odeia a Deus; pois não existe outro Deus.

Ao ouvir isso, o Anjo ficou quase azul; recompondo-se, porém, ficou amarelo, & por fim branco, rosa, & sorridente, e respondeu:

Idólatra! não é Deus Uno? & não é ele visível em Jesus Cristo? e não deu Jesus Cristo sua sanção à lei dos dez mandamentos? e não são todos os homens tolos, pecadores, & nulidades?

Respondeu o Demônio: Tritura um tolo num almofariz com trigo, e ainda assim não será separada sua tolice; se Jesus Cristo é o maior dos homens, deverias amá-lo no mais alto grau; ouve agora como sancionou ele a lei dos dez mandamentos: não zombou do sabá e, assim, do Deus do sabá? não matou quem foi morto por sua causa? não rejeitou a lei da mulher apanhada em adultério? não roubou o trabalho alheio para se sustentar? não deu falso testemunho ao se recusar à defesa perante Pilatos? não cobiçou ao orar por seus discípulos, e ao lhes pedir que sacudissem o pó de seus pés diante dos que se negavam a hospedá-los? Digo-te: nenhuma virtude pode existir sem a quebra desses dez mandamentos. Jesus era todo virtude, e agia por impulso: não por regras.

Depois de ele assim ter falado, contemplei o Anjo, que estendeu os braços, envolvendo a língua de fogo, & foi consumido e ascendeu como Elias.

Note. This Angel, who is now become a Devil, is my particular friend: we often read the Bible together in its infernal or diabolical sense which the world shall have if they behave well

I have also: The Bible of Hell: which the world shall have whether they will or no.

One Law for the Lion & Ox is Oppression

Nota: Este Anjo, que agora se tornou um Demônio, é meu amigo íntimo; muitas vezes lemos juntos a Bíblia em seu sentido infernal ou diabólico, que o mundo há de ler, caso de comporte bem.

Possuo também A Bíblia do Inferno, que o mundo há de possuir, quer queira, quer não.

Uma só Lei para o Leão & o Boi é Opressão.

A Song of Liberty

1. The Eternal Female groand! it was heard over all the Earth:
2. Albions coast is sick silent; the American meadows faint!

3. Shadows of Prophecy shiver along by the lakes and the rivers and mutter across the ocean! France rend down thy dungeon;
4. Golden Spain burst the barriers of old Rome;
5. Cast thy keys O Rome into the deep down falling, even to eternity down falling,
6. And weep!
7. In her trembling hands she took the new, born terror howling;
8. On those infinite mountains of light now barr'd out by the atlantic sea, the new born fire stood before the starry king!
9. Flag'd with grey brow'd snows and thunderous visages the jealous wings wav'd over the deep.
10. The speary hand burned aloft, unbuckled was the shield, forth went the hand of jealousy among the flaming hair, and hurl'd the new born wonder thro' the starry night.
11. The fire, the fire, is falling!
12. Look up! look up! O citizen of London. enlarge thy countenance; O Jew, leave counting gold! return to thy oil and wine; O African! black African! (go. winged thought widen his forehead.)
13. The fiery limbs, the flaming hair, shot like the sinking sun into the western sea.
14. Wak'd from his eternal sleep, the hoary, element roaring fled away:
15. Down rushd beating his wings in vain the jealous king: his grey brow'd councellors, thunderous warriors, curl'd veterans,

Uma Canção de Liberdade

1. A Fêmea Eterna gemeu: foi ouvida por toda a Terra.
2. A costa de Álbion mergulha em silêncio doentio; os prados americanos desmaiam!
3. Sombras de Profecia estremecem ao longo de lagos e rios e murmuram através do oceano: França, arrasa tua masmorra!
4. Espanha dourada, rebenta as barreiras da velha Roma!
5. Lança tuas chaves, Ó Roma, para que no abismo caiam, mesmo que caiam para a eternidade.
6. E chora!
7. Em suas mãos trêmulas ela tomou o terror recém-nascido, lamentando:
8. Naquelas infinitas montanhas de luz, agora cercadas pelo mar atlântico, o fogo recém-nascido se deteve ante o rei estelar!
9. Suspensas com a neve cinza dos cimos e rostos troantes, as asas zelosas vibraram sobre o abismo.
10. A mão lanciforme se crestou no ar, desatado estava o escudo; adiante seguiu a mão do ciúme em meio à cabeleira flamante, e arrojou a maravilha recém-nascida noite estrelada adentro.
11. O fogo, o fogo está caindo!
12. Alerta! Alerta! Ó cidadão de Londres, abre teu semblante! Ó judeu, cessa a contagem do ouro! retorna a teu óleo e vinho; Ó africano! negro africano! (Vai, pensamento alado, amplia sua fronte.)
13. Os membros ígneos, a cabeleira flamante, atiram-se como o sol poente no oceano ocidental.
14. Desperto de seu sono eterno, o vetusto elemento troando fugiu.
15. Abaixo se precipitou batendo as asas em vão o rei ciumento: seus conselheiros de sobrancelhas cinzentas, guerreiros ruidosos, encrespados

among helms, and shields, and chariots horses, elephants: banners, castles, slings and rocks.

16. Falling, rushing, ruining! buried in the ruins, on Urthona's dens.

17. All night beneath the ruins, then their sullen flames faded emerge round the gloomy king,

18. With thunder and fire: leading his starry hosts thro' the waste wilderness he promulgates his ten commands, glancing his beamy eyelids over the deep in dark dismay,

19. Where the son of fire in his eastern cloud, while the morning plumes her golden breast,

20. Spurning the clouds written with curses, stamps the stony law to dust, loosing the eternal horses from the dens of night, crying

Empire is no more! and now the lion & wolf shall cease.

veteranos, entre elmos e escudos e cavalos de carros de guerra, elefantes: guiões, castelos, fundas e pedras.
16. Caindo, precipitando-se, arruinando! sepultados em ruínas, nos covis de Urthona;
17. A noite inteira entre as ruínas; então, suas lúgubres chamas desmaiadas surgem em torno do rei taciturno.
18. Com trovões e fogo, liderando suas hostes estelares ao longo do deserto árido, ele promulga seus dez mandamentos, erguendo as pálpebras radiantes sobre o abismo em profunda consternação,
19. Onde o filho do fogo em sua nuvem oriental, enquanto a manhã enfeita com plumas o peito dourado,
20. Desdenhando as nuvens escritas com pragas, grava a pétrea lei no solo, libertando os cavalos eternos dos covis da noite, gritando:

O Império caiu! E agora o leão & o lobo terão fim.

Chorus

Let the Priests of the Raven of dawn, no longer in deadly black, with hoarse note curse the sons of joy. Nor his accepted brethren whom, tyrant, he calls free; lay the bound or build the roof. Nor pale religious letchery call that virginity, that wishes but acts not!

For every thing that lives is Holy

Coro

Que os Sacerdotes do Corvo da aurora, não mais em negro letal, com áspero som maldigam os filhos da alegria. Nem que seus irmãos aceitos, a quem, tirano, ele chama de livres, fixem limites ou construam telhados. Nem que a pálida luxúria religiosa chame aquela virgindade, que deseja, mas não age!

Porque tudo o que vive é Sagrado.

THE BOOK OF THEL
(1789)

O LIVRO DE THEL
(1789)

THEL'S Motto

Does the Eagle know what is in the pit?
Or wilt thou go ask the Mole:
Can Wisdom be put in a silver rod?
Or Love in a golden bowl?

Mote de Thel

Sabe a Águia o que está dentro do poço?
Ou perguntarás à Toupeira:
Cabe o Saber numa vara de prata?
Ou o Amor numa copa de ouro?

THEL

I

The daughters of Mne Seraphim led round their sunny flocks.
All but the youngest; she in paleness sought the secret air.
To fade away like morning beauty from her mortal day:
Down by the river of Adona her soft voice is heard:
And thus her gentle lamentation falls like morning dew.

O life of this our spring! why fades the lotus of the water?
Why fade these children of the spring? born but to smile & fall.
Ah! Thel is like a watry bow. and like a parting cloud.
Like a reflection in a glass. like shadows in the water.
Like dreams of infants. like a smile upon an infants face,
Like the doves voice, like transient day, like music in the air;
Ah! gentle may I lay me down, and gentle rest my head.
And gentle sleep the sleep of death. and gentle hear the voice
Of him that walketh in the garden in the evening time.

The Lilly of the valley breathing in the humble grass
Answer'd the lovely maid and said; I am a watry weed,
And I am very small, and love to dwell in lowly vales;

THEL

I
As filhas dos Serafins de Mne conduziam os alegres rebanhos.
Todas, salvo a mais jovem: pálida, procurou o ar secreto
Para, qual beleza da manhã, esvaecer-se de seu dia mortal:
Pelo rio Adona abaixo se ouve sua voz suave,
E assim seu doce lamento cai como rocio da manhã:

Oh vida de nossa primavera! Por que definha o lótus,
Por que definham as crianças da primavera, nascidas para sorrir & cair?
Ah! Thel é como úmido arco-íris, e como nuvem que parte;
Como reflexo num vidro; como sombras na água;
Como sonhos de crianças, como sorriso no rosto duma criança;
Como a voz da pomba; como dia efêmero; como música no ar.
Ah! serena possa eu me deitar, e serena pousar a cabeça,
E serena dormir o sono da morte, e serena ouvir a voz
Dele, que caminha pelo jardim ao anoitecer.

O Lírio do vale, respirando na relva humilde,
Respondeu à graciosa donzela e disse: Sou uma erva aquática,
Sou pequenino e adoro viver em vales baixos;

So weak, the gilded butterfly scarce perches on my head.
Yet I am visited from heaven and he that smiles on all.
Walks in the valley. and each morn over me spreads his hand
Saying, rejoice thou humble grass, thou new-born lilly flower,
Thou gentle maid of silent valleys. and of modest brooks;
For thou shalt be clothed in light, and fed with morning manna:
Till summers heat melts thee beside the fountains and the springs
To flourish in eternal vales: then why should Thel complain,
Why should the mistress of the vales of Har, utter a sigh.

She ceasd & smild in tears, then sat down in her silver shrine.

Thel answerd. O thou little virgin of the peaceful valley.
Giving to those that cannot crave, the voiceless, the o'ertired
Thy breath doth nourish the innocent lamb, he smells thy milky garments,
He crops thy flowers. while thou sittest smiling in his face,
Wiping his mild and meekin mouth from all contagious taints.
Thy wine doth purify the golden honey, thy perfume,
Which thou dost scatter on every little blade of grass that springs
Revives the milked cow, & tames the fire-breathing steed.
But Thel is like a faint cloud kindled at the rising sun:
I vanish from my pearly throne, and who shall find my place.

Queen of the vales the Lilly answerd, ask the tender cloud,
And it shall tell thee why it glitters in the morning sky,
And why it scatters its bright beauty thro' the humid air.
Descend O little cloud & hover before the eyes of Thel.

The Cloud descended, and the Lilly bowd her modest head:
And went to mind her numerous charge among the verdant grass.

Tão frágil a borboleta dourada mal consegue pousar em minha cabeça.
Todavia, visita-me o céu, e aquele que a tudo sorri
Caminha pelo vale e toda manhã sobre mim estende a mão,
Dizendo: Alegra-te, tu, relva humilde, tu, flor de lírio recém-nascida,
Tu, meiga donzela de vales silentes e riachos modestos;
Pois de luz serás vestida, e nutrida com o maná da manhã,
Até que o calor do verão te dissipe junto às fontes e às nascentes
Para que floresças em vales eternos. Por que então deve Thel lamentar?
Por que deve a senhora dos vales de Har exalar um suspiro?

Cessou de falar & sorriu entre lágrimas, depois sentou no trono de prata.

Thel respondeu: Ó virgem erva do vale tranquilo,
Que dás aos que implorar não podem, aos emudecidos, aos fatigados,
Teu alento nutre o inocente cordeiro, ele fareja tuas vestes leitosas,
Mordisca tuas flores enquanto para ele sorris,
Limpando sua boca meiga e mansa de todas as máculas contagiosas.
Teu vinho purifica o mel dourado; teu perfume,
Que esparges sobre cada lâmina de relva que brota,
Reanima a vaca ordenhada, & amansa o corcel de alento abrasado.
Mas Thel é como tênue nuvem acesa ao sol nascente:
Esvaneço de meu trono perolado, e quem encontrará meu lugar?

Rainha dos vales, respondeu o Lírio, pergunta à terna nuvem
E ela te dirá por que brilha no céu da manhã,
E por que esparge sua beleza brilhante no úmido ar.
Baixa, Ó pequena nuvem, & paira ante os olhos de Thel.

A Nuvem baixou e o Lírio inclinou a cabeça modesta:
E foi se ocupar das muitas tarefas entre as relvas viçosas.

II

O little Cloud the virgin said, I charge thee tell to me,
Why thou complainest not when in one hour thou fade away:
Then we shall seek thee but not find; ah Thel is like to thee.
I pass away. yet I complain, and no one hears my voice.

The Cloud then shew'd his golden head & his bright form emerg'd,
Hovering and glittering on the air before the face of Thel.

O virgin know'st thou not. our steeds drink of the golden springs
Where Luvah doth renew his horses: look'st thou on my youth,
And fearest thou because I vanish and am seen no more.
Nothing remains; O maid I tell thee, when I pass away,
It is to tenfold life, to love, to peace, and raptures holy:
Unseen descending, weigh my light wings upon balmy flowers;
And court the fair eyed dew. to take me to her shining tent;
The weeping virgin, trembling kneels before the risen sun,
Till we arise link'd in a golden band, and never part;
But walk united, bearing food to all our tender flowers

Dost thou O little Cloud? I fear that I am not like thee;
For I walk through the vales of Har. and smell the sweetest flowers;
But I feed not the little flowers: I hear the warbling birds,
But I feed not the warbling birds. they fly and seek their food;
But Thel delights in these no more because I fade away,
And all shall say, without a use this shining woman liv'd,
Or did she only live. to be at death the food of worms.

II

Ó pequena Nuvem, disse a virgem, peço-te que me digas
Por que não te queixas quando, num instante, desapareces;
Então te procuramos, mas não encontramos. Ah! Thel é igual a ti:
Dissipo-me: contudo, queixo-me, e ninguém ouve minha voz.

Em seguida, a Nuvem mostrou a cabeça dourada & uma forma luminosa surgiu,
Pairando e luzindo no ar, ante o rosto de Thel.

Ó virgem, não sabes que nossos corcéis bebem das fontes douradas
Onde Luvah revigora seus cavalos? Consideras minha juventude
E temes porque esvaneço para jamais ser vista,
Nada fica; Ó donzela, digo-te, quando me dissipo
É para engrandecer a vida, o amor, a paz e os êxtases sagrados:
Baixando invisível, sustenho minhas alas leves sobre flores aromáticas
E cortejo o orvalho de olhos claros para que me leve a sua tenda cintilante;
A virgem plangente se ajoelha, trêmula, ante o sol nascente,
Até que nos elevamos ligados por uma faixa dourada, e nunca nos apartamos,
Mas caminhamos unidos, levando alimento a nossas flores ternas.

É mesmo, Ó pequena Nuvem? Temo não ser igual a ti;
Pois ando pelos vales de Har e sinto o aroma das flores mais doces,
Mas não alimento as florzinhas: ouço o gorjeio das aves,
Mas não alimento as aves que gorjeiam; elas voam e buscam alimento;
Mas Thel já não se deleita com isso, porque me esvaeço;
E todos dirão: inutilmente viveu essa mulher fulgurante,
Ou viveu apenas para na morte servir de alimento aos vermes?

The Cloud reclind upon his airy throne and answer'd thus.

Then if thou art the food of worms. O virgin of the skies,
How great thy use. how great thy blessing; every thing that lives,
Lives not alone, nor for itself: fear not and I will call
The weak worm from its lowly bed, and thou shalt hear its voice.
Come forth worm of the silent valley, to thy pensive queen.

The helpless worm arose, and sat upon the Lillys leaf,
And the bright Cloud saild on, to find his partner in the vale.

A Nuvem se recostou no trono aéreo e assim respondeu:

Então, se serves de alimento aos vermes, Ó virgem dos céus,
Quão útil, quão afortunada és; tudo o que vive
Não vive sozinho nem para si mesmo: não temas, pois chamarei
O débil verme do leito inferior, para que ouças sua voz.
Vem, verme do vale silente, até tua pensativa rainha.

O inerme verme se ergueu e sentou na pétala do Lírio,
E a Nuvem brilhante navegou rumo à companheira no vale.

III

Then Thel astonish'd view'd the Worm upon its dewy bed.

Art thou a Worm? image of weakness. art thou but a Worm?
I see thee like an infant wrapped in the Lillys leaf:
Ah weep not little voice, thou can'st not speak. but thou can'st weep;
Is this a Worm? I see thee lay helpless & naked: weeping,
And none to answer, none to cherish thee with mothers smiles.

The Clod of Clay heard the Worms voice, & raisd her pitying head;
She bowd over the weeping infant, and her life exhal'd
In milky fondness, then on Thel she fix'd her humble eyes.

O beauty of the vales of Har. we live not for ourselves,
Thou seest me the meanest thing, and so I am indeed;
My bosom of itself is cold. and of itself is dark,
But he that loves the lowly, pours his oil upon my head.
And kisses me, and binds his nuptial bands around my breast.
And says; Thou mother of my children, I have loved thee.
And I have given thee a crown that none can take away
But how this is sweet maid, I know not, and I cannot know,
I ponder, and I cannot ponder; yet I live and love.

The daughter of beauty wip'd her pitying tears with her white veil,
And said. Alas! I knew not this, and therefore did I weep:
That God would love a Worm I knew, and punish the evil foot
That wilful, bruis'd its helpless form: but that he cherish'd it
With milk and oil, I never knew; and therefore did I weep,

III

Então Thel surpresa viu o verme em seu leito orvalhado.

És um Verme? imagem da fragilidade, és apenas um Verme?
Vejo-te como uma criança envolta nas pétalas do Lírio.
Ah! não chores, débil voz, podes não falar, mas chorar podes.
É isso um Verme? Vejo-te indefeso & nu, chorando,
E ninguém para acudir, ninguém para confortá-lo com sorrisos maternos.

Ouvindo a voz do Verme, o Torrão de Terra ergueu a cabeça, compassivo;
Inclinou-se sobre o pequeno plangente, e sua vida exalou
Em branda ternura, e então em Thel fixou os olhos humildes.

Ó beleza dos vales de Har. Não vivemos para nós mesmos.
Vês em mim a mais vil das criaturas, e na verdade o sou;
Meu peito em si é frio, e em si é escuro,
Mas quem ama o humilde deita seu óleo sobre minha cabeça,
E me beija, e enlaça meu peito com laços nupciais,
E diz: A ti, mãe de meus filhos, amei,
E a ti ofereci uma coroa que ninguém pode usurpar.
Mas por que assim é, doce donzela, não sei, e saber não posso,
Pondero e ponderar não posso; todavia, vivo e amo.

A filha da beleza enxugou as lágrimas compassivas com seu véu branco,
E disse: Ai! disso eu não sabia, e então chorei.
Que Deus pode amar um Verme eu sabia, e punir o pé maligno
Que de propósito fira seu corpo indefeso; mas que o acarinhava
Com leite e óleo eu nunca soube, e então chorei;

And I complaind in the mild air, because I fade away,
And lay me down in thy cold bed, and leave my shining lot.
Queen of the vales, the matron Clay answerd; I heard thy sighs.
And all thy moans flew o'er my roof. but I have call'd them down:
Wilt thou O Queen enter my house. 'tis given thee to enter,
And to return; fear nothing. enter with thy virgin feet.

E lamentei no ar ameno, porque esvaeço,
E me deito em teu leito frio, e abandono meu destino brilhante.
Rainha dos vales, respondeu a Terra matrona, ouvi teus suspiros,
E todos os teus queixumes voaram sobre meu teto, mas mandei que baixassem.
Queres, Ó Rainha, entrar em minha casa? A ti é dado entrar
E retornar; nada temas, entra com teus pés virginais.

IV

The eternal gates terrific porter lifted the northern bar:
Thel enter'd in & saw the secrets of the land unknown;
She saw the couches of the dead, & where the fibrous roots
Of every heart on earth infixes deep its restless twists:
A land of sorrows & of tears where never smile was seen.

She wanderd in the land of clouds thro' valleys dark, listning
Dolours & lamentations: waiting oft beside a dewy grave
She stood in silence. listning to the voices of the ground,
Till to her own grave plot she came, & there she sat down.
And heard this voice of sorrow breathed from the hollow pit.

Why cannot the Ear be closed to its own destruction?
Or the glistning Eye to the poison of a smile!
Why are Eyelids stord with arrows ready drawn,
Where a thousand fighting men in ambush lie?
Or an Eye of gifts & graces, show'ring fruits & coined gold!
Why a Tongue impress'd with honey from every wind?
Why an Ear, a whirlpool fierce to draw creations in?
Why a Nostril wide inhaling terror trembling & affright.
Why a tender curb upon the youthful burning boy!
Why a little curtain of flesh on the bed of our desire?

The Virgin started from her seat, & with a shriek.
Fled back unhinderd till she came into the vales of Har

The End

IV

O terrível guardião dos portões eternos ergueu a trava do norte:
Thel entrou & viu os segredos do reino desconhecido.
Viu os leitos dos mortos & o lugar onde as raízes fibrosas
De cada coração na terra cravam fundo suas irrequietas torceduras:
Um reino de tristezas & lágrimas onde jamais se viu um sorriso.

Vagueou pelo reino das nuvens através da escuridão dos vales, ouvindo
Pesares & lamentos; esperando muitas vezes junto a uma sepultura orvalhada,
Permanecia em silêncio, ouvindo as vozes da terra,
Até que chegou ao local de sua sepultura, & ali sentou,
E ouviu esta voz de lamento soprada da cova vazia:

Por que não podem os Ouvidos à própria destruição se fechar?
Ou os Olhos brilhantes ao veneno de um sorriso!
Por que estão as Pálpebras providas de setas prontas para o disparo,
Onde milhares de guerreiros estão emboscados?
Ou Olhos de dons & graças derramando frutos & moedas de ouro!
Por que uma Língua marcada com mel de cada vento?
Por que uns Ouvidos, ferozes sorvedouros para sugar criações?
Por que umas Narinas amplas inalando terror, trêmulas & atemorizadas?
Por que um terno freio no vigoroso jovem ardente!
Por que uma pequena cortina de carne no leito de nosso desejo?

A Virgem deixou o assento em sobressalto, & com um guincho
Fugiu dali velozmente até entrar nos vales de Har.

Fim

CRONOLOGIA DE WILLIAM BLAKE

1757

Nasce em 28 de novembro, nº 28 de Broad Street (hoje Broadwick Street), Soho, em Londres; terceiro de sete filhos de James Blake (1723?-84) e Catherine Blake (n?-1792); batizado na St James's Church, Picadilly, em 11 de dezembro; no térreo da casa de esquina de três andares ficava a loja de tecidos e miudezas do pai, "Blake & Son"; no primeiro andar, sete ou oito cômodos pequenos partilhados pela família.

1762

Nasce o irmão caçula Robert, o predileto de Blake.

1767-68

Frequenta a escola de desenho de Henry Pars (1734-1806), no Strand, onde aprende técnicas de pintura a óleo, princípios de perspectiva, e copia reproduções de pinturas e modelos em gesso de estátuas clássicas; começa a ler sobre todas as áreas da cultura e a escrever poesia.

1772-1779

Deixa a escola de Pars; aos catorze anos, inicia aprendizado com o gravador e membro da Sociedade de Antiquários James Basire (1730-1802), sediado no nº 31 de Great Queen Street, perto de Covent Garden; muda-se para esse endereço em agosto de 1772, onde mora durante os sete anos do aprendizado (que teve o custo de £52.10, mais joia e despesas); desenha monumentos góticos da Abadia de Westminster; começa a colecionar reproduções de pinturas e gravuras antigas no leiloeiro Langford com apoio financeiro do pai.

1773?

Grava *Joseph of Arimathea among the Rocks of Albion* (a mais antiga de suas gravuras que se conhece), baseada numa figura da *Crucificação de São Pedro*, de Michelangelo; retrabalha a placa entre 1810-20 e imprime doze cópias.

1776-77

Dá por terminados os poemas do volume *Poetical Sketches* [Esboços Poéticos].

1779

Em agosto, tendo assimilado o estilo de Basire, semelhante a Durer, e a "organização caótica" do ateliê do mestre, termina o aprendizado; Basire o presenteia com ferramentas de gravador profissional; volta a morar com a família em Broad Street; aos 21 anos, a 8 de outubro entra como aluno na Academia Real das Artes (fundada em 1768), na Summerset House, no Strand; estuda com George Moser (1706-83); toma conhecimento dos discursos de Joshua Reynolds, pintor e presidente da Academia; amizade com o escultor John Flaxman (1756-1826); começa a fazer ilustrações para o livreiro-editor Joseph Johnson.

1780

Em maio expõe a aquarela *The Death of Earl Goodwin* na Academia Real das Artes; amizade com George Cumberland (1754-1848), futuro escritor e colecionador de arte, e o gravurista e ilustrador Thomas Stothart (1755-1834); sai da Academia e se estabelece como ilustrador profissional.

1782

A 18 de agosto, casa-se com Catherine Sophia Boucher (1762-1831) na Battersea Church (analfabeta, ela assina o registro com um "x", deixando o nome de família com a grafia "Butcher" incorreta nos documentos); muda-se para o n° 23 de Green Street, Leicester Fields; é apresentado ao Rev. Anthony S. Matthew e à mulher Harriet, patrona de artistas jovens.

1783

Publicação independente de *Poetical Sketches*, financiado por Harriet Matthew, o marido e John Flaxman, um volume de 70 páginas cheias de erros tipográficos a um custo de £5; não vendido, distribuído entre amigos e conhecidos.

1784

Exibe duas aquarelas na Academia Real das Artes; inaugura loja de estampas em sociedade com o amigo e gravador James Parker (1750-1805), n° 27 de Broad Street, para onde se muda; compra prensa de madeira; escreve os poemas de *An Island in the Moon* [Uma Ilha na Lua]; morre o pai; o irmão mais velho, James, encarrega-se da loja e cuida da mãe. Blake convida o irmão caçula, Robert, a morar com o casal.

1785

Exibe quatro aquarelas na Academia Real das Artes. Com Catherine e Robert, muda-se do n° 27 de Broad Street para o n° 28 de Poland Street, a três quarteirões do endereço anterior.

1787-88

Morre de tuberculose o irmão Robert, enterrado em 11 de fevereiro de 1787; desfaz a sociedade na loja com Parker quando o negócio fracassa; conhece Henry Fuseli; experimenta com a técnica de "gravura iluminada", imprimindo os tratados *Todas as Religiões São Uma* e *Não Há Religião Natural*; anota comentários aos textos de Swedenborg (1788-90).

1789

Assiste com Catherine à inauguração da Igreja da Nova Jerusalém, fundada em Londres segundo as doutrinas de Swedenborg, mas não se associa à igreja. Escreve o poema *Tiriel* (publicado apenas em 1874 por William Michael Rossetti); gravuras iluminadas de *Canções de Inocência* e *O Livro de Thel*.

Muda-se com Catherine para o n° 13 de Hercules Buildings (nome de uma fileira de casas geminadas hoje inexistentes), no bairro de Lambeth, residência com cerca de doze cômodos. Começa a trabalhar em *O Matrimônio do Céu e do Inferno*.

1791

Finaliza o poema de *The French Revolution* [A Revolução Francesa], planejado para sete livros, escritos, mas perdidos (provas tipográficas do primeiro sugerem que o livreiro Joseph Johnson pretendia publicá-lo).

1792

Morre a mãe Catherine Blake; anexa o poema "Uma Canção de Liberdade" a *O Matrimônio do Céu e do Inferno* como epílogo.

1793

Imprime as profecias menores *Visões das Filhas de Álbion* e *América, Uma Profecia* e o livro de gravuras *For Children: The Gates of Paradise* [Para Crianças: Os Portões do Paraíso].

1794

Imprime *Canções de Experiência*, as profecias menores *Europa, Uma Profecia* e *O Livro de Urizen*; desenvolve métodos de impressão iluminada em cores.

1795

Imprime as profecias menores *A Canção de Los*, *O Livro de Los* e *O Livro de Ahania*.

1795-97

Começa a escrever *Vala*, posteriormente intitulado *The Four Zoas* [Os Quatro Zoas], não impresso; ilustra o poema *Night Thoughts* [Pensamentos Noturnos], de Edward Young, com 43 gravuras e um total de 537 aquarelas.

1799

Exibe a pintura a têmpera *The Last Supper* [A Última Ceia] na Academia Real das Artes.

1799-1805

Começa a trabalhar em encomendas do patrono Thomas Butts (1757-1845): 135 ilustrações para a Bíblia a têmpera (1799-1800) e aquarelas (1800-05).

1800

No dia 18 de setembro, muda-se com Catherine para a vila litorânea de Felpham, no condado de Sussex, no sul da Inglaterra, onde por três anos ocupa um chalé alugado por William Hayley (1745-1820), poeta e patrono, para quem Blake se torna "gravador residente".

1801-03

Trabalha em vários projetos de ilustração de livros para Hayley; em 12 de agosto de 1803, agride o soldado de cavalaria John Scholfield por invadir o jardim do chalé de Felpham e é processado por sedição; retorna a Londres no dia 19 setembro e se instala no nº 17 de South Molton Street, no Mayfair. (Dos oito endereços de Blake, sobrevivem dois: o chalé, que foi adquirido pelo Blake Trust por £520 mil no dia 21 de setembro de 2015, e a casa de South Molton Street.)

1804

Em janeiro, é absolvido no processo de sedição; começa a escrever o poema *Milton* (provavelmente iniciado em Felpham).

1805

Começa a trabalhar em quarenta ilustrações para *The Grave*, do poeta escocês Robert Blair, encomendadas pelo gravador e empreendedor Robert Hartley Cromek (1770-1812); a maioria está perdida.

1805-06

Trabalha em dezenove aquarelas para *O Livro de Jó*, encomendadas por Thomas Butts.

1807

Completa doze aquarelas para *Paraíso Perdido*, de John Milton, encomendadas pelo Rev. Joseph Thomas; retrato de Blake por Thomas Phillips exibido na Academia Real das Artes.

1808

Exibe duas aquarelas feitas para Thomas Butts na Academia Real das Artes; publicação de doze gravuras de Luigi Schiavonetti para *The Grave*, de Blair, baseadas em desenhos de Blake.

1808?-1820

Começa a escrever *Jerusalem*.

1809-10

Primeira exposição individual na loja do irmão James em Broad Street: dezesseis pinturas e *Catálogo Descritivo* (72 páginas, 22 exemplares); críticas negativas de Robert Hunt no *Examiner*.

1810

Publicação de ilustração para *The Canterbury Pilgrims* [Os Peregrinos da Cantuária]; reimpressão de *Gates of Paradise: For the Sexes*.

1810-11

Imprime os primeiros dois exemplares de *Milton*.

1812

Exibe quatro têmperas e amostras de páginas de *Jerusalem* no evento dos Pintores Associados.

1813-17

Vive em reclusão; visita do amigo George Cumberland, que fala de sua pobreza e do trabalho num quadro de dimensões grandes em têmpera, *The Last Judgement* [O Juízo Final] (conhecido por desenhos preparatórios, não foi acabado e se perdeu); ilustra Hesíodo para John Flaxman.

1815-16

Dezoito gravuras baseadas em desenhos de Blake para o catálogo de cerâmicas de Wedgwood.

1818

É apresentado por George Cumberland Jr. ao pintor e patrono John Linnell (1792-1882), que por sua vez o apresenta a um grupo de artistas novos; imprime estampas ampliadas de *Milton*.

1819-20

Caderno de desenhos *Visionary Heads* [Bustos Visionários] para o amigo aquarelista e astrólogo John Varley; entre os desenhos hoje dispersos, feitos em sessões "espíritas", está "A Pulga", que Blake utilizou para um de seus quadros mais famosos, *O Fantasma de Uma Pulga*.

1821-23

Trabalha em 21 aquarelas para *O Livro de Jó*, encomendadas por John Linnell e hoje dispersas; publicação de 27 ilustrações em xilogravura para *Pastorais*, de Virgílio, editadas por Robert John Thornton; muda-se com Catherine para um apartamento de dois cômodos no primeiro andar do nº 3 de Fountain Court, rua transversal ao Strand.

1822

Publicação de *The Ghost of Abel* [O Fantasma de Abel], em duas estampas.

1824-27

Trabalha em 103 aquarelas para a *Divina Comédia*, de Dante, encomendadas por John Linnell.

1825

Conclui as ilustrações do *Livro de Jó* para John Linnell; apresentado ao diarista e crítico de arte Henry Crabb Robinson (1775-1867); apresentado por Samuel Palmer ao grupo de pintores jovens conhecidos como "The Ancients".

1826

Em março, são publicadas as ilustrações de *O Livro de Jó*, com morna recepção. Doença em fevereiro e maio: sintomas de inflamação intestinal.

1827

Falece a 12 de agosto no apartamento de Fountain Court, quando ainda trabalhava nas aquarelas para Dante; causa provável da morte: complicações do fígado; é sepultado em cova coletiva no cemitério de Bunhill Fields, no leste de Londres.

SOBRE O TRADUTOR

José Antonio Arantes, nascido em 1948, é bacharel em Língua e Literatura pela Faculdade de Filosofia, Letras e Ciências Humanas da Universidade de São Paulo. Jornalista e radialista, exerceu as funções de produtor e apresentador no Serviço Brasileiro da BBC de Londres de 1988 a 1997. Trabalha no setor editorial desde a década de 70, tendo atuado em diversas áreas, da revisão à editoração, em algumas das principais editoras do país, e traduz há mais de quarenta anos. Entre os livros que traduziu estão *Uma Casa Assombrada* e *Diários* (de Virginia Woolf, neste último também org.); *Giacomo Joyce* (James Joyce); *O Matrimônio do Céu e do Inferno* e *O Livro de Thel* (William Blake); *O Terror* (Arthur Machen); *Histórias e Poemas para Crianças Extremamente Inteligentes* (org. de Harold Bloom, prêmio de tradução FNLIJ — Fundação Nacional de Livro Infantil e Juvenil — de 2004); *Homem Comum Enfim* (Anthony Burgess); *Oscar Wilde* (Richard Ellmann); *Dentro da Baleia* (George Orwell); *Dentes Brancos* (Zadie Smith); *Últimos Pedidos* e *A Luz do Dia* (Graham Swift); *Jonathan Strange & Mr Norrell* (Susanna Clarke); e *Poemas* (de Marianne Moore e Seamus Heaney).

CADASTRO
ILUMINURAS

Para receber informações sobre nossos lançamentos e promoções, envie e-mail para:

cadastro@iluminuras.com.br

A *Iluminuras* dedica suas publicações à memória de sua sócia Beatriz Costa [1957-2020] e a de seu pai Alcides Jorge Costa [1925-2016].